Todo lo que
necesitas
saber

Cuando alguien a quien conoces ha muerto

Aunque muchos adultos prefieren evitar el tema, hablar sobre la muerte es un paso muy importante hacia la recuperación cuando alguien a quien conoces ha muerto.

Todo lo que necesitas saber

Cuando alguien a quien conoces ha muerto

Jay Schleifer

Traducción al español
Mauricio Velázquez de León

The Rosen Publishing Group, Inc.
Editorial Buenas Letras™
New York

CHICAGO HEIGHTS PUBLIC LIBRARY

Spanish
155.937
S34
c.1

A Cathlen y los niños, por toda su ayuda y comprensión

Published in 1998 by The Rosen Publishing Group, Inc.
29 East 21st Street, New York, NY 10010

First Edition in Spanish 2002
Copyright © 1998 by The Rosen Publishing Group, Inc.

All rights reserved. No part of this book may be reproduced in any form without permission in writing from the publisher, except by a reviewer.

Library of Congress Cataloging-in-Publication Data

Schleifer, Jay.
Todo lo que necesitas saber cuando alguien a quien conoces ha muerto / Jay Schleifer : traducción al español Mauricio Velázquez de León.
p. cm.—(Todo lo que necesitas saber)
Includes bibliographical references and index.
Summary: Discusses death and the fear of death, explains the emotions experienced when someone you know is killed, and gives strategies to cope with them.
ISBN 0-8239-3583-3
1. Grief in adolescence—Juvenile literature. 2. Bereavement in adolescence–Juvenile literature. 3. Teenagers and death—Juvenile literature. 4. Spanish language materials. [1. Death. 2. Grief.] I. Title. II. Series.
BF724.3.G73S35 1998
155.9'37--dc21

98-16193

Manufactured in the United States of America

Contenido

6-26-00 Pub. 19.95

Introducción

Brittany Martínez era una estudiante muy popular en un pequeño poblado de Illinois. Un lunes a finales de mayo no se presentó a clases, y cuando pasaron más de tres días sus amigos comenzaron a preocuparse. Luego recibieron alarmados la noticia de que ni sus padres ni la policía sabían nada de ella. La última ocasión que alguien la vio fue en la terraza de su casa. Luego había desaparecido.

En los siguientes días se colocaron carteles en todo el pueblo preguntando por ella, luego los noticieros de televisión y los periódicos del Estado comenzaron a difundir la noticia. Un letrero frente a la escuela decía: "Brittany, regresa a casa por favor". La policía decía que posiblemente Brittany había escapado de casa. Al menos, eso era lo que todos esperaban.

Esa esperanza terminó una semana más tarde, cuando hallaron su cuerpo en la orilla de un río.

Brittany había sido asesinada y nadie sabía quién le había quitado la vida.

Su muerte fue un duro golpe para todos los pobladores. En la escuela, algunos estudiantes estaban tan impresionados que no podían hablar. Otros se reunían en pequeños grupos, murmuraban, lloraban y se abrazaban en busca de consuelo. En los pasillos había un silencio absoluto.

Toda la comunidad estaba conmocionada. Desde que encontraron el cuerpo de Brittany, el miedo entre los habitantes había ido en aumento. Se preguntaban si Brittany había sido víctima de un secuestro casual, o si conocía a su asesino. Los estudiantes se preguntaban si algo similar podía sucederles a ellos.

Supongamos que una tragedia inesperada sucede en tu comunidad. Supongamos que alguien a quien conoces ha muerto. ¿Cuál sería tu reacción? ¿Estás preparado para sobreponerte a esta situación y ayudar a los demás?

La muerte de algún conocido te producirá emociones diferentes: culpa por seguir con vida; agradecimiento por no haber sido la víctima; desconcierto por haber perdido a alguien a quien estimas; temor por los peligros que te acechan. Este libro te ayudará a manejar estas emociones. También te explicará cómo puedes ayudar a otros a manejar sus sentimientos de temor, ira y desconsuelo.

Nadie esta exento de una tragedia. Sin embargo, tú puedes aprender a superar el golpe emocional que sientes cuando alguien a quien conoces ha muerto.

Capítulo 1

Un tema tabú

Todos tenemos que tratar con la muerte en algún momento de nuestras vidas; sin embargo, la sociedad no nos prepara para hacerle frente. Muchas personas no quieren siquiera hablar al respecto. En lugar de decir que alguien ha muerto, generalmente decimos que "ha pasado a mejor vida", e incluso se dicen cosas como "expiró" o simplemente "se fue". Los periódicos se refieren a las personas que murieron recientemente como "el difunto señor o señora", ahora entre los que se "han ido". En muy pocas ocasiones, alguien simplemente dice "están muertos".

Los jóvenes suelen tener un punto ciego en relación a la muerte. Como adolescente, es fácil pensar que vivirás para siempre, e incluso que eres invencible. Es difícil imaginar que la muerte puede presentarse en tu vida.

Muchas personas tienen dificultad para enfrentar la muerte en la vida real porque parece muy sencillo en las películas y la televisión.

Con frecuencia los jóvenes no saben cómo enfrentar la muerte porque los adultos no les enseñan. ¿Has notado que las conversaciones sobre la muerte se interrumpen con frecuencia cuando un niño o adolescente entra en la habitación? Algunos adultos evitan que los jóvenes asistan a los funerales y cementerios o que vean el cuerpo sin vida de un amigo o de un familiar. Los padres toman estas medidas con la esperanza de proteger las emociones de sus hijos, y lo hacen con muy buenas intenciones.

Sin embargo, todos los estudios sobre el tema demuestran que los jóvenes necesitan conocer los hechos acerca de la muerte, y que necesitan despedirse de la gente que ha muerto. Una adolescente a la que le prohibieron visitar la tumba de una amiga construyó un diminuto cementerio en su propia habitación. Así podía colocar flores en la tumba cada vez que lo deseaba. Hablar sobre la muerte y asistir a las ceremonias de aquellos que han muerto no es algo dañino para los jóvenes. Aunque los rituales pueden ser desconcertantes, te enseñan a hacerle frente a una difícil realidad de la vida. Además, compartir tus emociones sobre la muerte con otras personas es una forma de encontrar apoyo para ti mismo.

Muerte, al estilo de Hollywood

La muerte en las películas y la televisión es frecuentemente una versión muy suave de la realidad. Aquellos que mueren de una enfermedad parecen quedarse

Compartir tus emociones respecto a la muerte con otras personas es una forma de encontrar apoyo.

dormidos. En otros programas y películas la muerte se generaliza. Con mucha frecuencia los héroes y villanos matan a decenas de personajes de forma violenta. El objetivo de estos programas es entretener, y muy pocas veces muestran el dolor y el sufrimiento de la víctima, o el devastador impacto de la muerte en la familia y amigos del fallecido.

La muerte en el cine y la televisión se comprende con mayor facilidad y es más fácil de superar que en la vida real. Pero cuando enfrentamos una situación similar en la vida real nos preguntamos por qué es tan difícil superarla cuando en las películas y la televisión parece algo tan sencillo.

La muerte inesperada sucede incluso en aquellos que consideramos invencibles. James Dean, actor estadounidense murió en un accidente automovilístico en 1955.

George S. Patton, el famoso general de la Segunda Guerra Mundial sabía que tenía que preparar a sus soldados para enfrentar la muerte violenta. Para poner sus tropas a punto, Patton describía detalladamente los horrores de la guerra. El general sabía que la muerte de algún conocido produce sentimientos muy poderosos y quería que sus soldados supieran lo que sucedería cuando alguien muriera, y así poder enfrentar sus emociones.

Efectos de largo alcance

La muerte violenta produce emociones extremadamente fuertes porque suele llegar de forma inesperada y no parece tener sentido. La víctima no tiene que ser un amigo cercano o un miembro de la familia. Podría tratarse de alguien a quien vemos todos los días en el salón de clases, en el club o en el vecindario. Además la muerte trágica tiene un efecto de largo alcance porque cuando alguien a tu alrededor muere se convierte en un recordatorio sobre tu propia mortalidad. El mundo ya no parecerá un lugar tan seguro, y tú podrías sentirte triste y al mismo tiempo preocupado por tu seguridad. La muerte violenta es aterradora porque nos recuerda que nadie vivirá para siempre.

Quienes conocieron a alguien que murió de forma violenta, enfrentan un proceso llamado duelo. Este proceso se vive en diferentes etapas, y aunque es muy triste, existen formas de hacerlo menos doloroso.

Capítulo 2

Muerte trágica o violenta

Pocas personas parecerían mejor protegidas que el príncipe William, el futuro rey de Inglaterra. Aun así, él y su hermano, el príncipe Harry, fueron despertados una madrugada con la noticia de que su madre, la princesa Diana, acababa de morir en un accidente automovilístico. Las vidas de estos dos chicos, que parecían tener todo en la vida, cambiarían para siempre.

En las semanas que siguieron a la trágica muerte de la princesa Diana, millones de personas alrededor del mundo lloraron la pérdida de una mujer que había muerto de una forma tan violenta.

Actualmente las posibilidades de que alguien en tu mundo sufra una muerte trágica, violenta o inesperada son completamente reales.

La muerte trágica tiene un efecto de largo alcance. En el Palacio de Kensington en la Gran Bretaña, personas de todo el mundo lloraron la muerte de la princesa Diana en 1997.

Muchas de estas muertes son el resultado de accidentes automovilísticos. De acuerdo con la Administración Nacional de Seguridad en Carreteras (*National Highway Traffic Safety Administration*), en los Estados Unidos más de 41,000 personas murieron como resultado de accidentes de tráfico en 1996. Esto significa un promedio de 115 personas diarias, o una persona que muere cada trece minutos de esta manera. Algunos adolescentes incrementan los riesgos debido a que el peligro los emociona. Por eso algunos participan en deportes extremos como *bungee jumping* y alpinismo en hielo. Otros montan en motocicleta o conducen automóviles a velocidades extremas y no utilizan los equipos de seguridad, tales como cascos y cinturones. Además, los adolescentes que consumen alcohol y drogas antes de conducir, incrementan las posibilidades de morir en un accidente.

A pesar de seguir todas las normas de seguridad, los accidentes continuarán ocurriendo. La controversia sobre la efectividad de las bolsas de seguridad en los automóviles muestra que no hay garantías. De hecho, un aparato diseñado para tu protección puede ser el que cause tu muerte. En un accidente de auto, las bolsas de seguridad se inflan como se tiene planeado. Tres de los cuatro pasajeros sobreviven al accidente. Pero la bolsa de seguridad golpea con gran fuerza al cuarto pasajero y lo mata. Aunque cualquier muerte accidental es difícil de comprender, los accidentes extraños son muy perturbadores porque la causa de la muerte parece inconcebible.

Ladrones, pandillas y asaltantes

La muerte repentina no sólo ocurre de forma accidental. También puede ser provocada por un asesino, un acto violento, o simplemente por un descuido. Infracciones aleatorias a la ley, violencia familiar, violación, secuestro o las pandillas adolescentes pueden ser algunas de las causas de muerte repentina y violenta.

Las pandillas criminales han existido durante siglos. La diferencia es que mientras en el pasado sus miembros

En un desastre como la caída del vuelo 800 de TWA, cientos o miles de personas pueden morir repentinamente.

estaban armados con puños o navajas, los pandilleros actuales portan armas automáticas y ametralladoras. En lugar de pelear por la propiedad de una esquina, en la actualidad las guerras entre las pandillas deciden quién controlará millones de dólares en tráfico de drogas.

Con tanto dinero de por medio, los traficantes de drogas recurren con frecuencia al asesinato para deshacerse de sus rivales. Con frecuencia, estos ataques se convierten en tiroteos desde automóviles. En estos tiroteos, un auto con los miembros de una pandilla armada conducen hacia su víctima y le disparan desde las ventanas del automóvil. Cuando se dispara desde un auto en movimiento es difícil tener buena puntería y con frecuencia mueren personas inocentes.

Muchos pandilleros cometen actos violentos para poder ingresar en la pandilla. Por ejemplo, para ingresar a los *New York Bloods*, cada nuevo miembro tiene que acuchillar a un pasajero inocente del tren subterráneo con algún objeto cortante.

El crimen ocurre en todas partes, en las calles, los centros de trabajo y hasta en los hogares. En un secuestro de auto, el ladrón de coches entra al automóvil mientras la víctima se encuentra al volante, secuestrándolo con frecuencia con todo y vehículo. En asaltos a casas, los ladrones armados entran bruscamente en una casa a pesar de que la familia se encuentre en ella. Pelear como defensa, o incluso llorar, puede provocar una paliza mortal, o un tiroteo.

La muerte en números

Muchas de las tragedias más conocidas son desastres. Un desastre es un evento repentino que puede producir gran cantidad de perdidas humanas, daños o destrucción. En un desastre, la muerte puede acabar con cientos o miles de vidas al mismo tiempo. La caída del vuelo 800 de TWA en 1996, acabó con la vida de 200 personas, incluido un grupo de estudiantes de francés con destino a París. Cada año, desastres naturales tales como huracanes, tornados, terremotos, inundaciones, incendios, avalanchas y erupciones volcánicas matan a cientos de miles de personas y ponen a naciones enteras de luto.

Aunque los desastres no ocurren con frecuencia, cuando suceden reciben una gran cobertura por parte de los medios de comunicación y cualquiera puede atestiguar su avance desde la sala de televisión. En ocasiones las imágenes y reportajes son tan expresivos que puedes sentir el dolor de la pérdida, tal y como si te encontraras en el lugar de la escena. Los reportes de desastres y tragedias hacen parecer al mundo un lugar más peligroso. De pronto, parecería que nadie está exento de una muerte repentina o violenta.

Capítulo 3

El proceso de duelo: primeras emociones

Al momento en que recibes la noticia de la muerte de alguna persona comienzas un proceso llamado duelo o luto. Esto sucede porque los seres humanos necesitamos tiempo para ajustarnos a los cambios que trae la muerte.

Estos cambios son muchos, y la muerte de alguien cercano puede tener un impacto emocional muy fuerte. Tú te involucras con las personas a las que amas, eres feliz cuando estás con ellas y triste cuando te separas. La muerte significa separarse para siempre. Esto necesita de un gran ajuste.

Si uno de tus padres muere, especialmente si se trata de quien genera el sustento familiar, regresar a tu vida cotidiana puede significar mudarte a una nueva casa, o cambiar de escuela. La familia podría tener menos dinero, y podría haber cambios en la forma en la que se comparten los quehaceres y responsabilidades.

Incluso si la persona que ha muerto es alguien a quien casi no conoces, un compañero de escuela o un vecino que viste en las calles, aun así habrá un efecto.

Todos vivimos el duelo de forma distinta

Los pasos que se siguen durante el proceso de duelo son generalmente los mismos para todos, pero cada persona los vive de forma diferente. No existe un tiempo establecido para completar el proceso, y éste puede tomar días, semanas, meses e incluso años.

Además, no todas las personas lo completan. Algunos llegan hasta cierto punto y ahí se detienen. Como resultado, estas personas podrían no regresar jamás a una vida normal. Otros regresan a una etapa temprana del proceso, aun después de que creyeron haberlo superado.

Recuerda que existen diferencias entre las emociones que experimenta una persona al inicio y las que vendrán posteriormente.

Shock
Cuando la policía dio a conocer la muerte de Brittany, una de las primeras reacciones entre los estudiantes fue

de insensibilidad. Los estudiantes perdieron la capacidad de sentir sus emociones. Esto se debe a que se encontraban en un estado de conmoción, o estado de shock.

Estar en shock es la forma en la que el cuerpo se protege a sí mismo para no enfrentar algo malo que puede llegar como un duro golpe.

El shock funciona como si abriéramos lentamente una llave de agua para evitar que surja una inundación. Es decir, permitiendo que entre el agua poco a poco.

Cuando una persona entra en estado de shock, el cuerpo se protege disminuyendo sus funciones. Los latidos del corazón se hacen más lentos, el ritmo cardíaco disminuye, la respiración es poco profunda, la piel puede palidecer y podría haber un desmayo.

La persona en shock podría dejar de escuchar lo que se le dice y tener dificultades para pensar con claridad. Todo, desde tomar decisiones hasta preparar una taza de té, requiere de un mayor esfuerzo. La famosa poeta Emily Dickinson describió esta sensación como "la hora de plomo".

El shock puede durar algunos minutos o varios días. Con el tiempo, el cuerpo y la mente volverán a su ritmo normal. Cuando esto sucede, comienza el verdadero camino hacia la recuperación.

Salud

Una crisis de este tipo puede afectar tu salud de distintas maneras. Las personas en duelo sufren con frecuencia de dolores de cabeza y problemas estomacales. Incluso pueden sufrir de pérdida o aumento de apetito. Pueden tener problemas para dormir, y sufrir pesadillas. Estos efectos podrían continuar durante semanas, meses o años.

Negación

Cuando los estudiantes se enteraron de que Brittany había sido asesinada, muchos respondieron gritando: "¡No!" "¡No puede estar muerta!" o "¡No puedo creerlo!"

A esto se le conoce como negación. Las personas que se encuentran en negación creen que si dicen que algo malo no sucedió, entonces realmente no habrá sucedido.

En la realidad esto no funciona. Sin embargo, es comprensible. Es otra manera de hacer tiempo para ajustarnos a la muerte.

En la mayoría de los casos, la negación no dura mucho tiempo. Mientras ocurre, puede ayudar a las personas a regresar a su estado emocional normal. En las muertes que involucran a un miembro de la familia, la negación puede demorar importantes decisiones que la familia debe tomar respecto al funeral y las pólizas de seguros.

La negación se convierte en un problema mayor cuando las autoridades no encuentran el cuerpo de una persona fallecida, tal y como sucede cuando alguien muere en el mar, durante las guerras o en un accidente de aviación. Muchos años más tarde, los familiares y amigos del difunto podrían creer que su ser amando sigue con vida.

Confusión

Ante la muerte de alguien, nada parece estar en su sitio. De pronto hay personas extrañas en casa, policía, doctores, abogados o empleados de la funeraria. La gente se queda en casa y no asiste al trabajo o la escuela.

Nadie se siente capaz de hacer la compra, la limpieza o cocinar. El teléfono no deja de sonar.

La muerte de un estudiante puede afectar a toda la escuela. La presencia de extraños, el silencio y la tristeza dominan el ambiente. Durante estos momentos es normal sentirse confuso y molesto.

Todo esto es temporal. Las actividades normales en la escuela, el trabajo y el hogar pronto regresarán a su cotidianeidad. La vida continúa.

Temor

La muerte repentina puede producir dos clases de temor. Uno de ellos se refiere a las actividades de la vida diaria. Cuando, por ejemplo, muere repentinamente uno de los padres, muchas preguntas surgen entre quienes lo sobreviven.

¿Dónde viviré? ¿Podré seguir asistiendo a la misma escuela? ¿Qué pasará conmigo? Una forma de vencer el temor es dándote cuenta de que tomará tiempo contestar todas las preguntas. No te preocupes, alguien se encar-

Incluso la muerte de una persona que no conocías muy bien, puede hacerte sentir menos seguro y protegido.

gará de resolverlas. Las personas en duelo deben considerar estos asuntos poco a poco y no sentirse agobiados.

El otro tipo de temor tiene que ver con la forma en la que afecta tu propia vida. Cuando alguien muere en un acto criminal o violento, es común que las personas piensen que algo similar les podría suceder a ellos. Este temor puede hacer que los sobrevivientes cambien su forma de vida. Tras el accidente del vuelo 800 de TWA, muchas personas cancelaron sus boletos de avión y se negaron a volar nuevamente. Tener miedo o inseguridad puede provocarte problemas para dormir o para concentrarte en el trabajo y otras tareas importantes.

Contrarrestar el temor con hechos

Una forma de contrarrestar el miedo es conocer los hechos y saber cuáles son tus riesgos.

◎ Aunque parecen comunes en la televisión y los periódicos, las muertes por actividad criminal son poco frecuentes, una de cada 100 muertes por año. Además, la mayoría son el resultado de peleas familiares, no de crímenes callejeros o de pandillas.

◎ Las muertes en accidentes de automóvil son sólo un poco más frecuentes, cerca de 1.3 por cada 100. Las probabilidades de morir en un accidente aéreo son muy escasas. Únicamente una de cada 4,000 muertes sucede de esta manera. Muchos de estos accidentes suceden en pequeños aeroplanos privados, no en grandes aviones.

◎ Además puedes combatir el miedo al tener conciencia de que estás tomando las precauciones de seguridad apropiadas. La policía puede ofrecer ideas sobre cómo protegerte de un crimen.

◎ En cuanto a los accidentes, una acción tan sencilla como colocarte el cinturón de seguridad en un automóvil, o usar el casco apropiado al andar en motocicleta, incrementa mucho las posibilidades de sobrevivir. Negarte a subir al coche con alguien que ha bebido ayuda aún más.

Es normal sentirse sobresaltado

La muerte de alguien a quien conoces es un suceso desconcertante. Esto es aún más común entre personas jóvenes que no tienen mucha experiencia con la muerte. Espera sentirte sobresaltado. Una mujer joven recuerda cómo un estudiante sacó un arma y mató al conserje de la escuela. "Realmente no conocía a ninguno de los dos", dijo, "pero aun así, me sentí poco segura. Su muerte me formó toda una nueva perspectiva de la forma en la que veía mi vida".

Capítulo 4

El proceso de duelo: segunda fase

Los amigos de Brittany se sobrepusieron al shock de su muerte tras unos cuantos días. Pero entonces otras emociones, más poderosas y perdurables, comenzaron a aparecer.

Tú pasarás la mayor parte del proceso de duelo enfrentando estas emociones. Podrías experimentar la mayoría de ellas, o incluso todas, durante la segunda fase del proceso.

Furia

No parece justo que algo malo le suceda a personas que no lo merecen. Es natural sentirse enojado por las injusticias. Esta furia puede orientarse hacia distintas personas.

Muchas personas no saben cómo ayudar a otros cuando alguien ha muerto. Debes tratar de ser comprensivo y paciente con aquellos que resultan afectados por una muerte trágica y repentina.

Tú podrías enojarte con:

◎ **Cualquiera que creas que haya causado la muerte,** incluso si ésta no es culpa de alguien. Si, por ejemplo, un accidente de auto sucede durante una terrible tormenta de nieve, tú podrías culpar del percance a quien estuviera conduciendo.

◎ **Médicos y personal de emergencias.** Si intervienen en el accidente, tú podrías sentirte enojado con ellos por no ser capaces de salvar la vida de la persona. Podrías sentir furia, sin importar de qué manera intentaron ayudarle, incluso si se encontraba demasiado herida como para salvarse.

◎ **La policía y los tribunales.** Cuando la muerte es
el resultado de un crimen, muchas personas que han
perdido a sus seres queridos se quejan de que la
policía no atrapó al criminal, o que las cortes no lo
castigaron de forma severa. Algunos llegan incluso a
hacer justicia por su propia mano.

En un famoso caso, una madre entró en el tribunal
donde juzgaban al criminal que había atacado a su
hija. La mujer le disparó al criminal, causándole la
muerte. El sistema de justicia trabaja cuidadosa-
mente para proteger los derechos de todos.
Desgraciadamente, esto también significa que
trabaja lentamente.

En años recientes las cortes de justicia han comen-
zado a prestar más atención a las familias de las víc-
timas. Los juicios son más rápidos, los familiares
pueden declarar acerca de la manera en que su
pérdida los ha afectado y los castigos que les gus-
taría fueran impuestos al criminal.

◎ **Amigos y familiares,** por no hacer o decir las cosas
que te ayudarían. Ellos podrían decirte que todo estará
bien, cuando tú sabes que no será así. Podrían decirte
que debes ser fuerte, cuando lo que necesitas es
apoyarte en los demás. Muchas personas no saben
cómo ayudar a otros cuando alguien ha muerto.

◎ **Contigo mismo,** por todas las cosas que habrías cambiado si aquella persona siguiera con vida. Podrías incluso culparte por no haber prestado más atención a la persona fallecida, o haber pasado más tiempo con ella. Quizás ahora piensas que debiste haber sido más amigable, o haber aprendido más de ella.

◎ **Con la persona muerta,** por dejarte en esta terrible situación, o por haberte despojado a ti y a él mismo de los buenos momentos que podrían haber pasado juntos.

◎ **Con Dios o con el destino,** por haber permitido que esto sucediera.

Cuando aparece la ira, los expertos en el proceso de duelo aconsejan lo siguiente: deja que suceda, pero no de forma que puedas lastimar a otros. "Déjala quemarse a sí misma", dice Earl Grollman, autor de veinte libros sobre cómo aceptar la muerte y otras crisis. De acuerdo con este autor, debes tratar de tomar un paseo, gritar en lugares privados o golpear una almohada con una raqueta.

Si la muerte fue causada por otros, los expertos advierten a los familiares y amigos que no deben tomar la ley en sus manos ni buscar revancha. El deseo de venganza es una respuesta normal cuando alguien ha muerto, pero actuar en consecuencia puede ser perjudicial para ti y para los demás. Tomar la ley en tus manos sólo produce un sufrimiento mayor.

¿Y qué pasa si estás enojado con Dios o con el destino? "No te preocupes", dice Grollman, "Dios puede aceptarlo".

Alivio

Este sentimiento ocurre cuando una persona que ha muerto ha tenido una vida especialmente conflictiva, ha pasado por algún tipo de sufrimiento, o provocado severos problemas a otros. El alivio y la idea de que "es mejor de esta manera" frecuentemente se mezclan con un sentimiento de culpa por sentir algo positivo sobre la muerte de alguien.

Culpa

La mayoría de las personas sienten cierta culpa por la muerte de un conocido. Estas personas piensan en todo lo que pudieron o debieron hacer. Entonces reviven la muerte de esta persona una y otra vez en su mente, atormentándose con ella.

Es natural preguntarse si podías haber hecho algo para evitar la muerte de alguien. La gente se pregunta cosas como ¿por qué la habré dejado conducir el auto si había estado bebiendo? o ¿por qué no fuimos a buscar protección con la policía? Si estuvieron involucrados en la tragedia, se preguntan por qué habrán sobrevivido ellos y no la otra persona. Uno se cuestiona, ¿por qué no morí también? Con frecuencia no existen respuestas a estas preguntas.

Por supuesto todos los "hubiera" o "debí haber hecho" no pueden traer a alguien de regreso. A lo mucho, tú puedes aprender de tus errores. Es mejor utilizar la energía recordando todas las cosas divertidas que hicieron juntos y viendo hacia el futuro.

Existe otra razón por la que las personas pueden sentirse culpables. Ante la muerte, muchas personas sienten alivio por no haber sido la víctima. Los soldados han reportado haber experimentado un momento de dicha cuando el fuego enemigo mató a las tropas en la trinchera a su lado. Entonces de inmediato se culpan a sí mismos por sentirse bien en un momento tan trágico. Por supuesto los soldados no estaban contentos por aquellas muertes: celebraban su propia supervivencia, no la muerte de los demás.

Ellos no podían evitar éste sentimiento de supervivencia. No hay razón para sentirte culpable si tú también lo has experimentado.

Miedo

El miedo puede permanecer largo tiempo después de que tus sentimientos de shock y confusión han termi-

Tú podrías recordar la muerte una y otra vez. Incluso podrías sentirte culpable por haber escapado o sobrevivido a la tragedia.

nado. Si la persona murió durante una actividad que ambos compartían, como un deporte, tú podrías sentir temor de volver a realizar esa actividad. Por supuesto la muerte ocasionada por violencia es una de las principales causas de miedo. Podrías temer que el asesino continuara libre y estuviera tras de ti. Pero recuerda que, como mencionamos antes, en muchas personas el temor de morir en manos de un criminal es mucho mayor que las posibilidades reales de que esto suceda. De cualquier forma, si realmente crees que estás en peligro, comparte tu preocupación con tus padres y la policía de inmediato.

También podrías sentir miedo cuando muere alguien a quien no conoces. Cualquier tragedia, especialmente una muy violenta, te demuestra que el universo es un lugar impredecible y que provoca temor. Tu vida depende de fuerzas ajenas a tu control. Nadie es inmune a la violencia, la tragedia o el dolor. Tras la muerte de alguien, los sobrevivientes deben confrontar su propia mortalidad. Ésta es una sensación terrible.

Soledad y pérdida

La soledad y la pérdida son las sensaciones más comunes cuando muere alguien cercano. Éstas pueden adquirir distintas formas. Earl Grollman ha creado una lista de posibles sensaciones:

◉ **Pérdida de seguridad.** Si la persona era uno de tus padres, o alguien que estaba a cargo de ti, podrías pensar que ya no tendrás un lugar donde vivir o que no podrás cubrir tus necesidades básicas.

◉ **Pérdida de fe.** De pronto podrías dejar de creer en Dios o en cualquier otro poder supremo.

◉ **Pérdida de oportunidad.** Todo lo que tú y la persona fallecida podían haber hecho juntos nunca sucederá. Podrías evitar ciertas actividades que consideras podrían conducirte a tu propia muerte.

◎ **Pérdida de confianza.** Podrías creer que ya no es seguro querer a otras personas porque éstas podrían morir en cualquier momento. Podrías perder confianza y pensar que los lugares que visitas y las personas que conoces no son seguros.

◎ **Pérdida de identidad.** Confundido por estos nuevos sentimientos, podrías pensar que realmente no te conoces. Podrías perder la capacidad de ser la persona que quieres ser.

Como resultado de tu sensación de pérdida, podrías alejarte de la vida. Tus amigos no sabrán de ti, y podrías separarte de tu familia. Podrías disminuir tu esfuerzo en la escuela o el trabajo y por lo tanto, obtener malos resultados. Podrías renunciar a disfrutar del presente y pensar en tu futuro. A final de cuentas, alejarte de tu familia amigos y de las actividades de la escuela, sólo te hará sentirte aún peor. Necesitas de otras personas para ayudarte a enfrentar la pérdida y la soledad.

Pena

La pena es simplemente dolor emocional. Este dolor será más fuerte al inicio y más fuerte en algunas ocasiones que en otras. Las noches pueden ser especialmente dolorosas cuando estás solo o cuando tienes un momento de paz para enfocarte en tus sentimientos y recuerdos. La pena viene y va. Con el tiempo, desaparecerá por completo.

El siguiente paso después de la pena

El proceso de duelo puede ser largo y complicado. Tendrás muchas y muy fuertes emociones. Tomará tiempo para que estas emociones disminuyan y para que finalmente desaparezcan. De cualquier forma hay ciertos pasos que puedes tomar para comenzar la recuperación

Capítulo 5

El camino hacia la recuperación

Cuando Brittany Martínez murió muchos estudiantes asistieron al funeral y planearon actividades para honrar su recuerdo. Al hacerlo comenzaron a dar pasos importantes para superar la tristeza.

Algunos adultos tratan de evitar que los jóvenes enfrenten la muerte para proteger sus sentimientos. Pero los expertos dicen que ésa es la forma equivocada de afrontar la pena. El proceso de luto ocurre en un momento en que estás reflexionando sobre tu vida y tus sentimientos. Tienes que ir al fondo de tus emociones, y desde ahí tienes que resurgir y comenzar a sentirte bien nuevamente. Aquí te ofrecemos algunos pasos sugeridos por los expertos para ayudarte a superar la pena durante el proceso de duelo.

Sobreponerse al duelo

1. Lo más importante es que te permitas sentir tristeza, furia e incluso dicha, conforme recuerdas los momentos que compartiste con la persona fallecida.

   El duelo trae consigo una serie de sobresaltos que cambian de momento a momento. Esto no se puede prevenir, y no es sano tratar de evitarlos. No hagas caso de quien te diga que dejes de llorar, que te sobrepongas a tu tristeza o que seas fuerte. Mejor, ¡sé tú mismo! Como dice un experto: "debes reconocer que tienes estas sensaciones antes de que puedas enfrentarlas". ¡Deja salir tus emociones!

2. Habla acerca de tus sentimientos. Una vez que te permites sentir todo el dolor, la furia, el miedo, la culpa y otros sentimientos, debes platicar con alguien de confianza. Estas emociones pueden ser demasiado fuertes para manejarlas por ti mismo, y es buena idea compartirlas. Muchas personas encuentran útil hablar con un miembro de la familia o con alguna amistad.

Si no tienes a alguien así en tu vida, o no te sientes cómodo hablando con ellos, busca al consejero de la escuela, a un maestro o a tu entrenador. Los líderes religiosos suelen ofrecer ayuda y consuelo en estas situaciones. Finalmente, las líneas telefónicas de ayuda, como las que encontrarás al final de este libro, se encuentran a tu disposición veinticuatro horas diarias.

3. Cuida tu salud. Cuando las personas están bajo tensión, están más vulnerables a problemas de salud. Enfrentar la muerte es una de las situaciones más estresantes que existen. Descansa, come una dieta balanceada y cuida de tu organismo. La gente en duelo suele olvidar ciertas rutinas, tales como comer regularmente o dormir lo suficiente. Además puede ser buena idea que te revise un doctor, a quien debes comentar tu situación para que pueda tratarte adecuadamente. El ejercicio también reduce el estrés. Una simple caminata al día te ayudará a sentirte mejor.

4. Pregunta acerca de la muerte. La mayoría de los expertos concuerdan en

No tengas miedo de hacer preguntas acerca de la muerte. Los secretos y las mentiras pueden dificultar tu proceso de recuperación.

que los jóvenes tienen derecho a saber qué ha sucedido cuando alguien muere. Los adultos podrían evitar decirte la verdad para protegerte, especialmente en un caso de muerte trágica. Pero las mentiras y los secretos retardan el proceso de recuperación.

5. Evita el alcohol. El alcohol es un depresivo que disminuye las capacidades psicológicas y orgánicas. Puede aumentar sentimientos como la tristeza y la desesperanza. El escape del dolor que ofrece el abuso del alcohol sólo es momentáneo. Moderar tus emociones, impedirá tu recuperación.

6. Si quien ha muerto es una persona cercana, asiste al funeral o ceremonia. Incluso podrías dar ideas para la apología o ayudar a elegir la música.

Ayudar te mantendrá ocupado, además de acercarte a las otras personas involucradas. Igualmente importante es participar en el ritual, porque te ayudará a entender que la vida de aquella persona se ha terminado. Los expertos en salud mental llaman a esto el "cierre", y es muy importante.

Es común que muchas personas se aferren a sentimientos de esperanza en los tiempos difíciles. Incluso cuando sabes que alguien ha muerto, una pequeña parte de ti puede pensar que él o ella en realidad no se han ido para siempre. Podrías pensar que todo esto no es más que un mal sueño, o que un milagro reparará todo lo que ha pasado.

Pero no podrás seguir adelante con tu vida mientras estos pensamientos continúen. Participar en la ceremonia, estar presente en el entierro, o ver el cuerpo de la persona, puede ayudarte a aceptar que la muerte es definitiva. Entonces te darás cuenta de que ha llegado el momento de seguir adelante.

7. Realiza tu propia conmemoración. Hay muchas maneras de honrar la muerte de una persona y la vida que vivió. Entre ellas están:

- escribe un poema o cuento
- escribe una canción
- realiza un dibujo u otra manifestación artística
- haz un libro de recuerdos con temas y objetos que le gustaban en vida a la persona fallecida
- revisa o colecciona fotografías o videos
- enciende una vela
- planta un arbusto, un árbol o flores
- visita a una persona que sufre por la muerte de alguien, especialmente si se encuentra sola

8. Únete a un grupo de apoyo. Compartir tu dolor y experiencias con otras personas que realmente entienden puede ser un paso muy importante hacia la recuperación.

Declaración de derechos de los niños en duelo

Esta declaración ha sido creada por Duane Weeks, trabajadora social que se especializa en ayudar a menores que se encuentran en duelo.

Tú tienes derecho de:

- sentir tus propias emociones;

- ser confortado;

- obtener cariño continuo, aunque debes entender que en estas circunstancias puede ser complicado;

- ayudar a planear el funeral;

- obtener respuestas sinceras a tus preguntas;

- ser tratado como alguien importante, no como "sólo un niño";

- permanecer en duelo tanto como sea necesario;

- no esperar ser elegido para identificar el cuerpo de una hermana o hermano fallecido;

- estar libre de culpa, y obtener consejo si lo necesitas o lo deseas;

- consolar a otros.

9. Considera a tus compañeros de escuela como una segunda familia. Ellos pueden apoyarte. Si has faltado a la escuela a causa del fallecimiento, podrías sentir temor de regresar. Pero otros jóvenes pueden ser un apoyo maravilloso para un amigo en duelo. Avisa al personal de la escuela la fecha de tu regreso. No tengas miedo de pedirle apoyo a tus amigos y maestros. Seguramente ellos querrán ayudarte, pero necesitan que les digas cómo hacerlo.

10. Debes comprender que hay fechas, tales como días festivos, el cumpleaños o el aniversario de su muerte, en las que tendrás que enfrentar nuevamente la tristeza, el duelo y el temor. La mejor forma de manejar estas situaciones es planeándolas por adelantado. Enciende una vela, o reúnete con familiares o amigos para honrar a la persona. Además, realiza alguna actividad especial. Ve una película o planea algo divertido con tus amigos. Toma tu tiempo para recordar a la persona fallecida, pero también cuídate a ti mismo.

11. Dale tiempo al dolor para reponerse. "El tiempo cura todas las heridas" puede ser un viejo refrán, pero en la mayoría de los casos es muy cierto.

Grupos de apoyo en la escuela

Mientras la policía buscaba al asesino de Brittany, los estudiantes de su escuela comenzaron su propia búsqueda. Los alumnos buscaban consuelo, comprensión y paz interior. Muchas escuelas tienen un programa para ayudar a los estudiantes a arreglárselas con la muerte. A continuación te mostramos cómo suelen funcionar estos programas.

1. Maestros, consejeros y empleados administrativos se informan sobre la tragedia. Se utiliza una red de teléfonos preestablecida para compartir la información.

2. Se escriben los datos acerca de la muerte, se distribuyen copias entre los maestros y éstos las leen a los alumnos. Así, los estudiantes pueden estar seguros de que esta información es seria y no se trata de una serie de chismes.

3. En la mayoría de los casos, las clases continúan normalmente. Aun así, cada

maestro tiene la libertad de utilizar su tiempo para hablar sobre el tema.

4. La escuela prepara un Cuarto de Crisis, encabezado por la enfermera escolar, consejeros, líderes religiosos y otros profesionales. Este grupo estimula a los estudiantes para hablar sobre la muerte, sentimientos de miedo, culpa o ira, los planes para el funeral y cualquier otro tema.

5. El personal escolar y los líderes estudiantiles definen la forma en que se honrará a la persona que ha muerto.

6. Los signos más peligrosos de una pena severa no siempre aparecen de inmediato. Por eso la escuela contacta semanalmente a los alumnos que asistieron al Cuarto de Crisis durante las siguientes diez o doce semanas, y revisa su estado.

"Lo más importante es hablar al respecto cuanto antes", dice el trabajador social Jeffrey Ciffone. "Así tendrás menos problemas en el futuro". Si tu escuela no tiene establecido un programa de duelo, habla con un maestro o consejero para iniciar uno.

Otros grupos de apoyo

Existen muchos grupos de apoyo fuera de las escuelas. Iglesias, grupos religiosos, hospitales u organizaciones de salud mental ofrecen con frecuencia estos servicios. Incluso puedes encontrar grupos de estas características en la Internet. Un ejemplo es la Junta de Dolor Adolescente *(Teen Grief Conference)* organizada por el *Bereavment Education Center*, en la que los estudiantes pueden exponer sus sentimientos, enviar correo electrónico o participar en *chats*. Algunos de los temas que se discuten en éste sitio de Internet incluyen, cómo cambian nuestras relaciones después de la pérdida, continuar la escuela tras la muerte de un ser querido, la pérdida de uno de nuestros padres o hermanos, y el suicidio.

La función de los grupos de apoyo es reunir a estudiantes afectados por la muerte para que compartan sentimientos y experiencias. Con frecuencia los líderes de estos grupos son gente joven que ha pasado por el proceso de duelo.

Incluso hay campamentos de verano que ayudan a los jóvenes en la recuperación. Durante cuatro días, en el Campo Valor *(Camp Courage),* de Volo, Illinois, los jóvenes plantan árboles como tributo a sus seres amados y hacen cajas de recuerdos. Además participan en actividades como natación, paseos en barca y fogatas. La pena sólo puede enfrentarse en pequeñas dosis. Por eso es importante participar en otras actividades.

Signos de peligro

Finalmente, ten en cuenta estos signos de peligro. Si los has tenido, o comienzas a sentirlos, significa que no has sanado de manera apropiada.

- tener pensamientos suicidas
- recurrir a las drogas o al alcohol
- evitar a otras personas
- sentirte constantemente enojado o cansado
- sentir que la vida no tiene sentido
- actuar repentinamente en actividades que ponen la vida en peligro, tales como manejar alocadamente, o practicar deportes peligrosos que nunca fueron de tu interés.

Si sientes que uno o varios de estos signos se desarrollan en ti o en alguna otra persona, es tiempo de buscar ayuda profesional. Existen grupos de apoyo para jóvenes en duelo o consejeros individuales, y tú puedes recurrir a ellos. El consejero de la escuela, el doctor de la familia o alguna organización de salud mental local pueden ayudarte a encontrar estos recursos. Al final de este libro podrás encontrar diferentes grupos que ofrecen su ayuda.

Capítulo 6

Ayudar a un amigo en duelo

En tu camino a casa notas que algo extraño sucede en casa de tu mejor amigo. La calle está llena de autos, incluidas patrullas de la policía y una ambulancia. Las cortinas están cerradas. Personas que no reconoces entran y salen de la casa. Sientes que algo malo ha sucedido.

Una llamada telefónica confirma tus sospechas: el papá de tu mejor amigo ha muerto en un accidente de automóvil. Su auto fue arrollado por un conductor en estado de ebriedad. Te sientes muy mal por tu amigo, pero no sabes qué hacer.

Quieres ayudar, ¿pero cómo? ¿Debes mantenerte alejado durante un momento tan emotivo? ¿Deberás actuar como si nada hubiese pasado cuando lo veas?

<50>50</50>

CHICAGO HEIGHTS PUBLIC LIBRARY

Algunos consejos de los expertos

Lo más importante es estar ahí. Es difícil saber qué hacer o qué decir cuando alguien muere de forma trágica y repentina. Sin embargo, no serás de ninguna ayuda si no estás ahí. Y lo que es más importante, tú no querrás que tu amigo piense que te sientes incomodo con él, o que no puede contar contigo en momentos difíciles. Si tu amigo quiere estar solo, él te lo dirá. De ser así, respeta sus deseos. No lo tomes de manera personal.

Ayuda con las tareas sencillas. Durante las primeras etapas de duelo, las personas suelen tener problemas para enfocarse en las tareas de la vida diaria. Tienen cosas más importantes en que pensar quc hacer tareas, lavar la ropa o los trastos. Ofrece ayudar en estos quehaceres, o simplemente hazlos sin que te lo pidan. Consigue la tarea de tus amigos con sus profesores o llévale sus libros a casa.

Más que hablar, debes escuchar. Deja que sea tu amigo quien hable. No tengas temor de hablar sinceramente acerca de la muerte si eso es lo que quiere la otra persona. Él podría querer contar historias de la persona fallecida, o sólo hablar de cosas rutinarias como si nada hubiese ocurrido. Deja que la persona en pena guíe la conversación.

¿Cómo debes reaccionar si tu amigo expresa enojo o dolor? Diane Fisher, consejera de grupos de apoyo, sugiere la siguiente lista sobre qué decir y qué no decir:

CHICAGO HEIGHTS PUBLIC LIBRARY

Qué decir:

"Lo siento".

"Me importa".

"Sé que estás sufriendo".

"Desearía poder compartir tu dolor".

"Estoy aquí contigo".

Evita decir cosas como:

"¡Sé fuerte!"

"Es la voluntad de Dios".

"Al menos no sufrió".

"Ahora está en un mejor lugar".

"Ya lo superarás".

"Podría haber sido peor".

Debes darle tiempo a la persona para dejar salir sus emociones. En ocasiones es muy pronto en el proceso de duelo para tratar de hacerlo sentir mejor. Lo mejor que puedes hacer es apoyar y ser comprensivo. Muchas veces, Fisher aconseja, un abrazo dice más que mil palabras.

Dile a los demás. Puedes jugar un papel importante diciéndole a tus otros amigos que alguien ha muerto. Esto los ayudará a prepararse para la pena de tu amigo.

Portar estas noticias significa también portar una gran responsabilidad. Los eventos dramáticos, tales como la muerte de una persona, son comúnmente objeto de rumores y exageraciones. La gente le agrega drama a la historia conforme se pasa de unos a otros. Habla sólo de lo que sepas es verdad y hazlo de manera tan simple como te sea posible para evitar que surjan rumores. Además, sé prudente; quizás tu amigo no quiere que se conozcan algunos detalles. Respeta su privacidad.

Lo más importante de todo es entender que tu amigo no será el mismo por algún tiempo. Puede tomar semanas, meses e incluso años. Ten paciencia con sus cambios de ánimo y otros síntomas de trastornos emocionales. De esta manera, tu amigo y tu amistad se fortalecerán.

Capítulo 7

Aprender a vivir nuevamente

Las emociones que se producen cuando muere alguien a quien conoces pueden ser una gran carga psicológica. Aquí te presentamos algunos puntos que debes recordar para facilitarte el proceso cuando te enfrentas a una muerte trágica y repentina.

Ayudando al proceso

- Deja salir tus emociones. Generalmente es un error esconderlas o actuar como si nada hubiera sucedido.
- Infórmate sobre la forma en que ocurrió la muerte y averigua cuál es el riesgo real de que te suceda lo mismo.
- Involúcrate en la manera de honrar la vida de la persona fallecida. Asiste al funeral. Habla con otros

sobre los logros de la persona. Realiza una conmemoración. Ayuda a la familia en duelo. Ayudar a
otros puede ayudar a sentirte mejor.

• Toma medidas de seguridad para protegerte a ti
mismo y tus seres queridos. Esto puede incluir
tomar clases de defensa personal o simplemente
abrocharte el cinturón de seguridad cuando viajas
en automóvil. Si quieres hacer una diferencia,
puedes considerar ingresar a un grupo para la pre-
vención de otras muertes. Por ejemplo a
Estudiantes contra decisiones destructivas
(*Students Against Destructive Decisions, SADD*),
antiguamente llamada Estudiantes contra conducir
en estado de ebriedad (*Students Against Drunk
Driving*), formada como respuesta de un grupo de
jóvenes que han perdido a seres queridos por culpa
de conductores borrachos y que desean ayudar a
salvar a otros de un destino semejante.

Permite que otros te ayuden a sentirte bien nuevamente. Muchos maestros, líderes religiosos y consejeros de salud mental están entrenados para ayudar a
las personas a lidiar con la tragedia. Casi todos los
adultos que conoces han pasado por esta experiencia y
pueden ayudarte. No tengas temor o vergüenza de
pedir ayuda.

El duelo requiere de una serie de pasos antes de
desaparecer. Tú lo superarás y seguirás con tu vida

normal. No tendrás temor por siempre. Muchas personas y organizaciones pueden ayudarte a manejar tus emociones. Debes tener fe, las cosas mejorarán.

Finalmente, la muerte te brinda la oportunidad de apreciar lo hermosa que es la vida. Quienes han sobrevivido la muerte de otra persona no dan su vida por hecho. Ellos aprecian cada momento y buscan la manera de aprovecharlo al máximo.

Como dijo un consejero: "Cuando aprendes a vivir con la muerte, aprendes también a vivir".

Glosario

apología Discurso que usualmente se pronuncia en el funeral en memoria de una persona fallecida.

bungee jumping Salto de gran altura en una cuerda de *bungee*, cuerda elástica muy larga atada a un resorte.

cierre Completar un proceso, por ejemplo aceptar finalmente la muerte de otra persona para poder continuar con nuestras vidas.

conmemoración Acto en honor a la persona que ha muerto. Trabajo de arte, tal como una pintura, poema o canción.

consejeros Profesionales de la salud mental, tales como psiquiatras y psicólogos.

Cuarto de Crisis Área designada especialmente en la escuela. Los estudiantes demasiado afectados por una tragedia pueden obtener ayuda en estos lugares.

desastre Un evento como un terremoto, inundación o incendio que produce gran destrucción, pérdida de vidas y lesiones.

duelo Expresión de dolor o tristeza por la muerte de una persona. También llamado luto.

emociones Sentimientos como felicidad, culpa, alivio o tristeza.

fallecido La persona que ha muerto.

Grupo de apoyo Grupo de personas que se reúnen para compartir sentimientos y apoyar a otros. El líder puede ser un profesional de la salud o alguien que ha pasado por experiencias similares.

luto Expresión de dolor o tristeza por la muerte de una persona. También llamado duelo.

negación Rehusarse a admitir que algo malo ha ocurrido, como la muerte de un ser querido.

New York Bloods Pandilla de criminales de la ciudad de Nueva York. Bloods significa "sangrientos".

pena Sentimiento de dolor que experimentan las personas cuando alguien ha muerto.

shock Descenso de las funciones vitales del organismo que ocurre cuando una persona sufre una herida o escucha noticias extremadamente malas.

Dónde obtener ayuda

Boys & Girls Clubs of America
Club de Chicos y Chicas de los Estados Unidos
1230 West Peachtree Northwest
Atlanta, GA 30309
(404) 815 5700
http://www.bgca.org

Compassionate Friends
Amigos Compasivos
P.O. Box 3696
Oak Brook, IL 60522-3696
(630) 990-0010
e-mail: tcf_national@prodigy.com

Impact Personal Safety
Información sobre programas de defensa personal
(800) 345-5425

National Directory of Children´s

Grief Support Systems
Directorio Nacional de Apoyo en la Pena
P.O. Box 86852
Portland, OR 97286
(503) 775-5683

Youth Crisis Hotline

Línea de Crisis de la Juventud
(800) 448-4663

Además puedes visitar estas páginas en Internet:

Grief, Loss & Recovery

Pena, Pérdida y Recuperación
www.erichad.com

Grief Net

www.rivendell.org

Teen Age Grief (TAG)

Pena Adolescente
www.smartlink.net/~tag/index.html

Teen Grief Conference

Patrocinada por Bereavement Research Counsil
www.bereavement.org

Sugerencias de lectura

Bode, Janet. *Death Is Hard to Live With: Teenagers Talk about How They Cope with Loss*. New York: Delacorte Press, 1993.

Bratman, Fred. *Everything You Need to Know When a Parent Dies*. Rev. Ed. New York: Rosen Publishing Group, 1995.

Buckingham, Robert, and Sandra Huggard. *Coping with Grief*. Rev. Ed. New York: Rosen Publishing Group, 1993.

Chelsea House Staff. *Death and Dying*. New York: Chelsea House Publishers, 1997.

Dockrey, Karen. *Will I Ever Feel Good Again: When You're Overwhelmed by Grief and Loss*. Grand Rapids, Minn.: Fleming M. Revell Company, 1994.

Gravelle, Karen, and Charles Haskins. *Teenagers Face to Face with Bereavement.* Englewood Cliffs, N.J.: Julian Messner, 1989.

Grollman, Earl A. *Straight Talk About Death for Teenagers.* Boston: Beacon Press, 1993.

Heegaard, Marge Eaton. *Coping with Death & Grief.* Minneapolis, Minn.: Lerner Publications Company, 1990.

Linn, Erin. *150 Facts About Grieving Children.* Incline Village, Nev.: The Publisher's Mark, 1990.

Moe, Barbara. *Coping When You Are the Survivor of a Violent Crime.* New York: Rosen Publishing Group, 1995.

Spies, Karen. *Everything You Need to Know About Grieving.* Rev. Ed. New York: Rosen Publishing Group, 1997.

Índice

Acerca del autor

Jay Schleifer fue editor de *Know Your World Extra*, publicación nacional para estudiantes adolescentes. Ha escrito más de cuarenta libros sobre adolescentes. Actualmente trabaja como asesor editorial y autor independiente. Vive en la región del oeste medio de los Estados Unidos.

Créditos fotográficos

Cover, pp. 2, 9, 25, 41 © Les Mills; p. 11 © Ethan Zindler; pp. 12, 15, 17 © AP/World Wide Photos; p. 29 © Miake Schulz; p. 34 © C. Walker.

Diseño

Nelson Sá